LETTRE

BIEN IMPORTANTE

DE LA

CHAMBRE D'AGRICULTURE

DE SAINT-DOMINGUE,

Adreſſée aux Membres du Comité Colonial, ſéant à Paris.

Du 10 Décembre 1788.

MESSIEURS,

J'AI l'honneur de vous faire parvenir, conformément aux intentions de la Chambre d'Agriculture, expédition de la délibération qu'elle a jugé à propos de prendre *le 5 de ce mois*, ſur l'objet dont vous vous êtes occupés AVEC TANT DE ZÈLE dans la Capitale. Je ſuis chargé d'accompagner cet envoi d'une LETTRE DE REMERCIEMENT au nom de la Chambre. C'eſt-là, MESSIEURS, la commiſſion la plus agréable que l'on pût me donner, puiſque devant être l'organe de la GRATITUDE de la

A

Colonie, je trouve dans mon cœur les ſentimens que l'on m'a chargé de vous manifeſter.

On n'a été étonné ici, MÉSSIEURS, ni de la fermeté, ni des talens que développent les opérations & les écrits du COMITÉ COLONIAL formé à Paris, ſur le grand & important objet de faire admettre les DÉPUTÉS de Saint-Domingue, à l'auguſte aſſemblée des ÉTATS-GÉNÉRAUX de la Nation : on n'attendait pas moins des MEMBRES ſi avantageuſement connus, qui compoſent ce Comité.

MAIS ce qui a juſtement excité, MESSIEURS, L'ADMIRATION ET LA RECONNOIS-SANCE de la Chambre d'Agriculture, C'EST D'UNE PART LA JUSTESSE DES VUES DE VOTRE COMITÉ, ET D'UN AUTRE COTÉ, L'INFATIGABLE ARDEUR QUE VOUS AVEZ MISE DANS VOS ÉCRITS ET DANS VOS DÉMARCHES : VOUS N'ÊTES PAS TOMBÉS DANS LA PLUS LÉGÈRE ERREUR SUR CE QUI CON-CERNE SAINT-DOMINGUE; IL SEMBLE QUE VOTRE TRAVAIL, FAIT A PARIS,

[3]

L'AIT ÉTÉ SUR LE LIEU MÊME ET
DANS LE FOYER DES DÉSORDRES
AFFREUX DONT SE PLAINT LA COLO-
NIE : IL SEMBLE AUSSI, PAR L'ÉNER-
GIE DE VOS PLAINTES, QUE CHACUN
DE VOUS AIT PERSONNELLEMENT
RESSENTI LES FUNESTES EFFETS DE
CES DÉSORDRES. (*)

IL ne vous échappera fûrement pas, MESSIEURS, que
la Colonie de Saint-Domingue, livrée aujourd'hui &
depuis long-tems à des Chefs militaires, privée des
VÉRITABLES & SEULS Repréfentans qu'elle avait autre-
fois dans les Colons Membres des anciens Confeils, en
conferve au moins une ombre légère dans la formation
des Chambres d'Agriculture, & dans les fonctions attri-
buées à ces Chambres. Voilà tout ce qui nous refte de
notre ancienne conftitution ; & ce qu'il y a de fingulier,
c'eft que nous avions ces Chambres dans le tems que
nous, avions encore les anciens Confeils, compofés de
PROPRIÉTAIRES-PLANTEURS, rendant GRATUITE-

____

(*) Et le Miniftre difoit aux Commiffaires qu'ils N'Y ENTEN-
DOIENT RIEN, & il ne ceffoit de leur répéter que la Colonie étoit
TRÈS-HEUREUSE.

MENT la Juſtice à leurs Concitoyens. Nous étions donc doublement prémunis contre les abus de l'adminiſtration, à l'époque de la création des ces Chambres qui remonte à l'année 1761. Sous ce point de vue, MESSIEURS, les motions faites par la Chambre d'Agriculture doivent vous paraître précieuſes, & même, juſqu'à un certain point, SUPPLÉTIVES du vœu général, lorſqu'il eſt ſi difficile de le manifeſter dans une forme légale.

LA flûte du Roi, *la Truite*, commandée par M. *de Villeblanche*, met à la voile *Lundi prochain 15 de ce mois*. J'ai dans l'idée, Meſſieurs, que nous n'aurons pas la veille la réponſe que nous devrions recevoir ce jour là de Meſſieurs les Adminiſtrateurs, à la dernière motion de la Chambre. Si elle arrive, je ferai un paquet particulier de cette réponſe, que je remettrai au Commandant de la flûte du Roi.

AGRÉEZ, MESSIEURS, LES REMERCIEMENS PUBLICS DE LA CHAMBRE, daignez la ſatisfaire ſur ſes demandes preſſées, & continuer d'en ſuivre l'effet avec le même zèle.

Je ſuis, avec un reſpectueux & abſolu dévouement, MESSIEURS, votre très-humble & très-obéiſſant ſerviteur. *Signé*, DAUGY, *Secrétaire-Adjoint de la Chambre d'Agriculture.*

[5]

EXTRAIT *des Registres de la Chambre d'Agri-culture du Cap.*

Séance du 5 Décembre 1788.

LA Chambre, après mûre délibération, CONSIDÉ-RANT qu'à sa précédente séance, du 7 Novembre, elle a adressé à Messieurs les Administrateurs & fait expédier au Ministre de la Marine, en la forme prescrite, un Mémoire pour demander au Roi QUE LA COLONIE SOIT AUTORISÉE A ENVOYER DES DÉPUTÉS AUX ÉTATS GÉNÉRAUX, & que cette demande, qui exigeait de la célérité par la fixation de la tenue des États au premier Mai prochain, deviendroit actuellement tardive & vaine par le rapprochement de cette assemblée au mois de Janvier, si l'on ne savait qu'elle durera plusieurs mois nécessairement.

CONSIDÉRANT que Messieurs les Administrateurs, par leur réponse du 16 *Novembre dernier*, ONT AP-PROUVÉ CETTE DEMANDE SOUS LES RAPPORTS QUI REGARDENT L'ADMINISTRATION, & cependant ont refusé de l'appuyer, PARCE QUE LE VŒU DE LA CO-LONIE NE LEUR EST PAS CONNU (*) ET QU'IL SERAIT

______

(*) Eh? que ne cherchent ils à le connoître? Quatre mille signatures, & un cri général, devroient leur donner quelques pressentimens.

A 3

POSSIBLE QU'ELLE CRAIGNIT DE S'INCORPORER AVEC LE ROYAUME, CHARGÉ D'UNE DETTE IMMENSE, LORSQU'ELLE EST LIBRE DE TOUTES DETTES.

CONSIDÉRANT que de cette réponse même, PLEINE DE SAGESSE & qui respire L'ATTACHEMENT pour les Colons, confiés aux soins de Messieurs les Administrateurs, il résulte qu'il est nécessaire de *connoître le vœu de la Colonie*, sur un objet dont ces Messieurs *reconnoissent l'utilité sous les rapports les plus importans, ceux de l'Administration :* qu'il en résulte que c'est à la Colonie à adopter ou à rejetter ce vœu ; qu'elle doit être ASSEMBLÉE pour juger si les Colonies, n'étant que des Établissemens destinés à alimenter le Commerce & la force Nationale, ne devant conséquemment, que de cette manière, payer le tribut à l'État, & dès-lors étant incompatible avec leur essence. & impolitique de les soumettre à des impôts plus directs ; si, dis-je, on doit craindre que les États Généraux, ou le Roi, ne les surchargent contre ces maximes connues : que Saint-Domingue doit être ASSEMBLÉE pour examiner, s'il n'est pas naturel de penser que la Nation, dans son état de détresse, n'aura pas besoin d'être avertie de L'EXISTENCE de la Colonie par la présence de ses Députés pour la considérer comme une ressource puissante ; si alors il n'est pas important lorsqu'on EXAGÉRERA SON OPU-

LENCE : qu'elle ait aux ÉTATS GÉNÉRAUX des Défenseurs qui les rappellent aux vrais principes de son administration ; & si, en dernière analyse, il ne serait pas AVANTAGEUX pour elle DE PAYER UNE MEILLEURE ADMINISTRATION par le risque ou la réalité même d'une contribution qu'on ne pourrait jamais manquer de modérer & de régler avec discrétion.

CONSIDÉRANT qu'à supposer que tel soit le vœu de la Colonie, rien ne peut s'opposer à sa juste réclamation, puisque par les Arrêts du Conseil d'État, des 5 *Juillet*, 8 *Août* & 15 *Octobre dernier*, *TOUS LES SUJETS DU ROI ET TOUS LES PAYS DE SON OBÉISSANCE SONT APPELLÉS, SANS EXCEPTION, AU SÉNAT DE LA NATION* : que, par ces Arrêts, la Colonie est suffisamment autorisée à s'assembler pour NOMMER DES DÉPUTÉS & prescrire leur mission, sans qu'aucune autorité ait le droit de gêner ses démarches & leur résultat ; sauf à SA MAJESTÉ, ou aux ÉTATS GÉNÉRAUX, à admettre ou à rejetter ses Deputés & à limiter leurs pouvoirs ; sauf aussi à les placer dans CELUI DES DEUX ORDRES qu'il plaira à SA MAJESTÉ ; chose assez indifférente à des hommes qui s'estimeront certainement honorés, quel que soit leur rang, d'être les AGENS & les DÉFENSEURS d'une Colonie aussi importante.

CONSIDÉRANT néanmoins que, comme la Chambre a cru devoir précédemment s'adreſſer au Miniſtre, actuellement que les États Généraux paraiſſent trop prochains pour attendre ſes ordres, il eſt NÉCESSAIRE de s'adreſſer à Meſſieurs les Adminiſtrateurs pour faire provoquer & régler la forme de la convocation & de l'élection & l'étendue des pouvoirs des DÉPUTÉS, ſuivant le libre concours du plus grand nombre qui forme le vœu général.

CONSIDÉRANT qu'il eſt de LA PLUS GRANDE IMPORTANCE pour la Colonie de ſaiſir l'occaſion, peut-être unique, où la Nation rétablie dans ſes droits pourra faire entendre au Roi ſes doléances & ſes griefs, ſans intermédiaires & directement; parce que la Colonie A AUSSI MALHEUREUSEMENT SES DOLÉANCES ET SES GRIEFS PARTICULIERS : QUE C'EST le moment favorable de demander le RÉTABLISSEMENT de ſon ancienne organiſation; DE CES CONSEILS compoſés de Colons, rendant la juſtice librement & GRATUITEMENT à leurs Pairs ; de ces ASSEMBLÉES COLONIALES où les contributions modiques, demandées par le Roi, étaient réparties ſuivant le vœu & l'intérêt des Citoyens : QUE C'EST le moment de donner à ces inſtitutions anciennes l'extenſion & la perfection que l'état actuel de la Colonie exige : QUE C'EST le moment de lui procurer, pour toujours, un Gouvernement fixe, invariable, indépendant de l'obſcurité & de l'incertitude que l'éloignement produit & de l'inſtabilité d'opinions & de ſyſtêmes qu'enfante la ſucceſſion perpétuelle & VERSATILE des Adminiſtrateurs & des Miniſtres : QUE C'EST le moment d'aſſurer au Colon, dans ſa perſonne & dans ſes biens, cette liberté *ſous la Loi & par la Loi*, que la forme actuelle de ſon Gouvernement ne garantit pas aſſez : QUE C'EST le moment de propoſer tout ce qui peut tendre à la perfection de ſa culture & au juſte équilibre des deux eſpèces de Commerce que ſes beſoins & ſes productions appellent. QUE C'EST enfin le moment de faire RÉVOQUER les nouvelles loix deſtructives de ces vues eſſentielles, d'en PROVOQUER de meilleures ou de REMETTRE en vigueur les anciennes.

CONSIDÉRANT qu'il ſuffit que ces grands intérêts ſoient préſentés, pour que la Chambre, qui ſeule approche OU TIENT LIEU D'UN CORPS REPRÉSENTATIF DE LA COLONIE, doive ſolliciter la convocation générale pour délibérer d'abord, s'il y a lieu de nommer des DÉPUTÉS, & enſuite ſur le choix & la miſſion de ces REPRÉSENTANS, & parce que MESSIEURS les Adminiſtrateurs, qui ſemblent la déſirer, ne balancent pas de la provoquer, ſur-tout après l'invitation générale faite par le Roi même : QUE lorſque Sa Majeſté, ſuivant ſes propres expreſſions, *appelle tous les enfans de la grande famille autour du pere commun*, il ſerait HONTEUX pour les Colons de ne pas s'empreſſer, & PEU CONVENABLE à l'autorité de ne pas donner l'eſſor à leur empreſſement : QUE cela eſt d'autant plus vrai que l'impulſion & l'exemple ſont donnés : QUE les grands Propriétaires, réſidans en France, A LA TÊTE DESQUELS SONT LA MEILLEURE NOBLESSE ET UN PRINCE AUGUSTE, ont déjà préſenté, PAR DES COMMISSAIRES, leur demande au Roi même, & ſollicitent l'intervention de la Colonie dans une forme plus légale :

PAR CES CONSIDÉRATIONS, la Chambre, pour l'intérêt de la Colonie, qu'elle eſt, par ſa conſtitution, chargée de défendre, en toute occaſion, & pour ſe conformer, autant qu'il eſt en elle, aux Arrêts du Conſeil d'État des 5 *Juillet*, 8 *Août* & 5 *Octobre* derniers, a ARRÊTÉ que la préſente adreſſe ſeroit faite à MESSIEURS les Adminiſtrateurs, afin qu'il leur plaiſe donner ſur-le-champ les ordres néceſſaires, dans toutes les Paroiſſes de la Colonie, pour qu'il ſoit inceſſamment & au même jour tenu des Aſſemblées par chacune d'elles, à l'effet (s'il eſt trouvé convenable) de nommer, par chaque dite Paroiſſe, deux COMMIS-

SAIRES ÉLECTEURS, lefquels feroient autorifés &
tenus de fe trouver à d'autres Affemblées qui feront
pareillement indiquées à BREF DÉLAI dans les trois
chefs-lieux de la Colonie ; fçavoir, AU CAP, au PORT-
AU-PRINCE, & aux CAYES pour y porter le vœu
de la Paroiffe ; &, s'il y a lieu par la majorité des
vœux réunis, être par lefdits COMMISSAIRES ÉLEC-
TEURS, nommé à la pluralité des voix pour chacune des trois Parties de la Colonie, SEPT DÉPUTÉS aux
États Généraux, dont quatre pris dans la Colonie,
& trois parmi les grands Propriétaires réfidens en
France, & dont la miffion & les pouvoirs feront ré-
glés par lefdits Commiffaires Électeurs, auffi à la pluralité des voix, fuivant ce qui leur aura été prefcrit à
eux-mêmes par les Paroiffes. Lefquelles Affemblées
PAROISSIALES feront tenues en préfence des Commandans refpectifs des milices ; & celles des COMMIS-
SAIRES ÉLECTEURS, en préfence des Commandans
pour le Roi, qui feront chargés uniquement de veiller à la
tranquillité & à la pleine liberté des délibérations, fans
pouvoir les gêner en aucune manière. Les Procès-
verbaux defquelles Affemblées feront infcrits ; *favoir*,
pour les Affemblées des PAROISSES, fur le regiftres
de la Paroiffe, &, pour celles des COMMISSAIRES
ÉLECTEURS, dreffés en minute par les Notaires généraux, &, à leur défaut, par le plus ancien No-

taire, suivant l'ordre du Tableau, qui feront nommés GREFFIERS defdites Affemblées. QUE lefdits Procès-verbaux feront remis fur-le-champ par les Curés & Greffiers, en double expédition, duement certifiés fans frais, tant aux COMMISSAIRES ÉLECTEURS qu'aux DÉPUTÉS COLONIAUX, pour leur fervir de lettres de créance & agir en conféquence; COMME AUSSI que les pouvoirs des Électeurs feront dépofés aux minutes des Greffiers Notaires fufdits, pour recours, & annexés aux Procès - verbaux de délibération defdits Électeurs.

A ARRÊTÉ, qu'expédition de la préfente fera fans délai adreffée à MESSIEURS les Général & Intendant, enfemble un exemplaire de la Lettre écrite au Roi, le 31 Août 1788, par Meffieurs les COMMISSAIRES, nommés par les Propriétaires Coloniaux réfidens en France, & copie de l'Arrêt du Confeil d'État du 5 Octobre dernier, le tout duement certifié par le Secrétaire; comme auffi que copie de la préfente fera adreffée à la Chambre d'Agriculture du Port-au-Prince.

A ARRÊTÉ pareillement, qu'expédition de la préfente fera envoyée au Miniftre de la Marine, le tout duement certifié par M. *de Laborie*, Secrétaire de la

Chambre, ou, en fon abfence, par M. *Daugy*, Secrétaire-Adjoint. (*)

ET PAR SUITE , la Chambre a pareillement arrêté
que copie, tant de la délibération ci-deffus, que de la
réponfe que Meffieurs les Général & Intendant y feront, fera envoyée duement certifiée à M. LE MAR-
QUIS DE GOUY D'ARSY, pour MESSIEURS DU CO-
MITÉ COLONIAL, réfident à Paris, avec une lettre
de remerciement au nom de la Chambre, du zèle patriotique QU'IL A MONTRÉ & des foins infinis QU'ILS
SE SONT DONNÉS pour l'admiffion de la Colonie aux
ÉTATS GÉNÉRAUX : avec prière d'envoyer à la Chambre au moins un exemplaire de leurs tranfactions qu'elle
defire CONSIGNER dans fes archives pour PERPÉTUER
LE SOUVENIR DE LEUR PATRIOTISME ET DE
LEUR ATTACHEMENT AUX INTÉRÊTS DE LA
COLONIE.

ET CEPENDANT a arrêté, qu'un exemplaire de la pre-
mière LETTRE ADRESSÉE AU ROI par ces Meffieurs,

(*) *Nota*. Expédition de cette délibération, jufqu'à cet endroit
exclufivement, a été envoyée à Meffieurs les Adminiftrateurs, à
Meffieurs de la Chambre d'Agriculture du Port-au-Prince, & au
Miniftre, par le Secrétaire-Adjoint, fouffigné.

en date du 3 1 *Août*; plus un exemplaire de leur MÉMOIRE
A CONSULTER & consultation du 28 *Septembre*; plus
l'écrit intitulé VŒU PATRIOTIQUE D'UN AMÉRICAIN,
feront dépofés aux Archives de la Chambre, duement
paraphés & certifiés.

ENFIN ARRÊTÉ, que le Secrétaire leur adrefferait
des copies certifiées des Mémoires de la Chambre, fur
l'ordonnance des geftions, fur la réunion des Confeils,
& de tous ceux faits depuis cette époque, pour leur
fervir à telle fin que de raifon.

Signé au Regiftre, COCKBURN, BELIN DE VILLE-
NEUVE, ODELUCQ, DUPETIT HOUARD, DE LA COMBE,
F. MILLOT, LABORIE, *Secrétaire*, & DAUGY *Se-
crétaire-Adjoint*.

Certifié.

Signé, DAUGY, *Secrétaire-Adjoint*.

COPIE *de la réponse de Messieurs les Adminif-trateurs à la motion de la Chambre, du 7 No-vembre 1788.*

Port-au-Prince, *le 16 Novembre 1788.*

A MESSIEURS LES MEMBRES DE LA CHAMBRE D'AGRICULTURE.

» NOUS avons reçu, MESSIEURS, la lettre que
» vous nous avez fait l'honneur de nous écrire *le 9 de*
» *ce mois*, & l'extrait des Regiftres de la Chambre
» d'Agriculture *du 7*, par lefquels la Chambre s'a-
» dreffe au Miniftre pour qu'il obtienne de Sa Majefté
» que la Colonie de Saint-Domingue foit repréfentée
» par fes Députés dans l'Affemblée des États Géné-
» raux du Royaume ; & témoigne fon defir que nous
» recommandions très-fortement fa demande, fi nous
» la trouvons convenable : NOUS LA TROUVONS
» TELLE SOUS BEAUCOUP DE RAPPORTS, &, en par-
» ticulier, SOUS CEUX QUI REGARDENT PLUS
» DIRECTEMENT L'ADMINISTRATION ; d'autres
» confidérations néanmoins plus puiffantes encore ne
» nous PERMETTENT PAS de joindre notre vœu à
» celui de la Chambre. La principale eft que le vœu
» de la Colonie ne nous eft réellement pas connu,
» & QU'IL EST POSSIBLE qu'un grand nombre de fes
» Habitans trouvent des inconvéniens à cette INCOR-

» PORATION d'une Colonie que l'on peut dire *libre*
» *de toutes dettes*, *avec le Royaume dont la dette est*
» *immense* (*). Au surplus, MESSIEURS, nous nous
» proposons de faire partir votre Mémoire par un bâti-
» ment qui fera voile de ce Port *le 25 de ce mois*, au
» plus tard.

» Nous avons l'honneur d'être, avec un parfait atta-
» chement, MESSIEURS, vos très - humbles & très-
» obéissants serviteurs. *Signé*, VINCENT, *Signé*, DE
» MARBOIS «.

Pour copie conforme à l'original déposé aux Archives de la Chambre.

Signé, DAUGY, *Secrétaire-Adjoint*.

(*) Quelle politique ! & comme nos cœurs la réprouvent ! Dans
leur manière d'envisager le bonheur de la Colonie, imagineroient-ils
que nous voulussions fuir, & NOUS CACHER au moment où l'Em-
pire vient au secours de lui-même ?... Oh ! si cela est, leur ame
n'est point à l'unisson de la nôtre ; & sont-ils dignes alors de com-
mander à des FRANCO-AMÉRICAINS.

JE CERTIFIE LES PIÈCES CI-DESSUS CONFORMES AUX
ORIGINAUX, DÉPOSÉES AUX ARCHIVES DU COMITÉ CO-
LONIAL DE FRANCE, COTTES 332, 333, ENREGISTRÉES
TOM. II. FOL. 101, 102, &c.

LE MARQUIS DE GOUY D'ARSY,
Commissaire Rapporteur.